このシリーズでは「障がい」という表記にしています。

　障がいの表記をめぐっては、さまざまな議論があります。
　「障害」と表記されることが多いのですが、「この害という漢字はなにかを害するという意味をふくんでいるため適切ではないので、ひらがなにすべきである」という考えや、「社会にあるさまざまな『バリア』という意味をふくむ『碍』という漢字を使うべきだ」とする考えもあります。
　なぜ、表記がこんなに問題になるのでしょう。そこにも「障がいってなに？」を考えるひとつのヒントがあるように思います。
　このシリーズでは、漢字の意味をこえて、この本を読んだみなさんひとりひとりに、障がいについて考えていただきたいと願い、「障がい」と表記することにしました。

はじめに

ありのままでいられる「ゆるさ」が学校にあればいいね

 石川憲彦さん
児童精神科医。林試の森クリニック院長。この本の監修者。

 大西 瞳さん
東京都目黒区職員。1巻28～33ページで紹介。

 山﨑 守さん
東京大学先端科学技術研究センター職員。3巻30～33ページで紹介。

 この巻では、障がいのある子どもたちと学校について考えてみます。

 障がいのある子どもたちは、学校でどうしているんだろう。ほかの子どもたちに、とけこめているのかなあ。さびしい思いをしていないかなあ。

 う～ん。たとえば、たったひとりでぽつんといたら、大人は「集団にとけこめないから、よくない」と思う人が多いかもしれないね。
　でも、みんなからはなれて、ぽつんとしていたって、いいじゃない。はなれていたって、その子なりに参加しているのかもしれないよ。いろいろなやり方があっていいと思うんだ。いつもみんなといることを求めるのは、障がいのある子にとっても、そうじゃない子にとっても、きゅうくつだよね。

 そうか。しんどいときは、しんどい顔をして、ひとりでいられる。それを認める「ゆるさ」が必要なんですね。

そういう「ゆるさ」を認めないと、「空気が読めない」とかいって、いじめにつながる。空気なんか、読まなくたっていいのに。

ひとりでいようが、みんなといようが、ありのままの存在を認めあうことが、だいじなんだと思うよ。

ところで、発達障がいの子どもたちは、今、増えているそうですね。

今、小学生の7.7％ほど、中学生の4％ほどといわれています（平成24年12月に文部科学省が公表した通常学級の調査より）。授業中に落ち着いてすわっていられないとか、文字の読み書きがうまくできないとか…。でも、子どもは落ち着きがなくて、うろちょろ動きまわっているほうが、生きものの世界ではふつうなんですよ（笑）。

そういう子は、見た目がふつうだから、「なんで落ち着いていられないの」「なんでこれができないの」とかいわれて、よけいつらいですよね。

「この子の能力をのばしてあげなければ」なんて、まわりの大人が勝手にがんばらせようとする。そんなの、おせっかいだとぼくは思うよ。こんな時代だからこそ、大人には、もっと子どもたちの自由をたいせつにしてほしいな。

もくじ

はじめに
座談会 ありのままでいられる「ゆるさ」が学校にあればいいね
――石川憲彦さん・大西 瞳さん・山﨑 守さん―― ……… 2

障がいがあるということ ――林 俊さん―― ……… 6

先生の話をスマホで「読む」――林 俊さん―― ……… 10

ぼくのペースで、「ちょっとずつ」――田村 晃さん―― ……… 12

ぼくは、絵が好きです ――稲木佳祐さん―― ……… 16

読み書きがうまくできなかった ――南雲明彦さん―― ……… 20

考えてみよう 不登校ってズル？ 西野博之 ……… 24

今のままでいいんだ 新しい自分を探していこう
――ハウス加賀谷さん・松本キックさん―― ……… 26

誰にでも得意不得意はある ―山﨑　守さん― ･････････ 30

みんなと一緒の中学へ行きたい ―穏土ちとせさん― ･････････ 34

自分らしく生きよう ―はるな愛さん― ･････････ 40

考えてみよう **性的マイノリティってなぁに？** 杉山文野 ･････････ 44

絵本と日記が育んだ わたしのことば ―岩元　綾さん― ･････････ 46

あとがき ･････････ 52

さくいん ･････････ 54

障がいがあるということ

林　俊　15歳（中学3年）

これは、林俊さんが宿題で書いた作文です。
自分の障がいのことを作文に書いたのは、
これがはじめてだそうです。
「障がいがあるということ」について、
一緒に考えてみましょう。

「障がいがある」と聞いて、みなさんはどう思いますか。あなたの身近なところに障がいをもつ人はいますか。自分が障がい者だったら、と想像したことはありますか。なぜ、この題名にしたのか。それは、僕自身が障がい者だからです。

僕は、聴覚障がいの中で最も重い2級の障がいを生まれつきもっています。そのため、「人工内耳」という機械をつけて生活しています。しかし、それでも聞こえに限界があり、話し声が聞こえても、内容が聞き取れなかったりします。また、小さい頃の発音練習によって、ある程度の言葉はしゃべれますが、うまく伝わらなかったりすることがあります。例えば、小学校の頃、僕が「先生」と言ったつもりでも、相手には「しぇんしぇい」と聞こえていると言われたことがありました。

聞こえないことで起きる誤解

　耳が聞こえないことで、小学校の頃、いろいろなトラブルがありました。例えば、教室で当時仲良しだった子に後ろから話しかけられても、聞こえていないのでそれに気づかずに、そのまま廊下へ行ってしまうことが何度もあったそうです。そのため、僕が無視していると誤解されたことがありました。当番を決めたときに誰かが僕に伝えてくれたけれど、聞き逃したり、聞き間違えたりしたためにトラブルが起こったこともありました。班で活動するとき、ああして、こうしてと頼まれたことを聞き逃したりすることもありました。そして、その後、こっちが話しかけても、無視されたり、僕の発音を笑われたり、菌扱いされたりしました。

　小学校の頃、こんなこともありました。以前仲の良かった子から、何度も殴られたり蹴られたりするようになりました。心配した同級生のお母さんが、相手の子のお母さんに話をしてくれたので、その子とその子のお母さんがうちに来てくれました。なぜ殴るのか原因を尋ねると、何かで僕が笑ったことがあって、そのとき、ちょうど親に髪を短く切られて格好悪くなったと気にしていたため、髪を笑われて馬鹿にされたと勘違いして、腹を立てて、僕をいじめたということでした。誤解が解けて、その子が謝ってくれて、仲良しになりました。

　その次の日から、僕とその子は「あっち向いてホイ！」などをして、一緒に遊びました。そしてその子は、他の子とのトラブルがあったときには、間に入って仲裁をしてくれるようになりました。とてもうれしかったです。

　その子はその後転校してしまったけれど、小学校の修学旅行のホテルで、たまたま再会できたとき、なつかしく、うれしかったです。

トラブルの理由を知ってほしい

僕の体験したトラブルは、聞こえないこと、言葉が伝わりにくいことが原因で起こることが多かったです。だから、気をつけていたら避けられたトラブルもあったかもしれませんが、聞き逃していることすら気づかずにいるために、自分では避けられないトラブルも、たくさんあったと思います。

今までのトラブルのほぼすべては、誤解が原因でした。聞こえと発音に障がいがあるため、自分自身で誤解された理由を詳しく聞いて解決することができず、先生や、友人や、同級生のお母さんが間に入ってくれて、解決できたことが多かったです。

このように、みんなと一緒に生活したい、そう思うと、他の人の助けや多くの人の支援が必要になります。

最近は、同級生が僕の障がいについて理解してくれるようになり、誤解やトラブルはほとんどなくなりました。そして、今は多くの人が自分から話しかけてくれるようになりました。だから、僕は、今のクラスが大好きです。

聞こえないということが悲しい、聞こえるようになりたい、他の人が話していることが分かりたいと思うときは、たくさんあります。

クラスメートたちが自分から話しかけてくれたとき、クラスメートたちが楽しそうに何かを話しているとき、英語や国語のリスニングのとき、リスニングのテストで間違って減点されたとき、授業中、先生が僕の好きな話をしたとき、先生やクラスメートがおもしろい話をしてみんながどっと笑ったとき、こういうときに、聞きたい、聞こえるようになりたい、何の話をしているのかを知りたいと思います。

もし、聞こえるようになったら、もっとたくさん人の話

を聞いて、自分もたくさん話をして、もっと友達をいっぱい作ることができると思います。

しかし、聴覚障がいは治らない、聞こえも良くならない、機械をつかってある程度の聞こえを確保しても、完全に聞こえるわけではないので、やはり、聞きたい、聞こえるようになりたい、分かりたいと毎日、毎日、思っています。

広がってほしい。障がい者への理解

最近、新聞で、白杖＊にぶつかった人が視覚障がいの女子を蹴った事件や、盲導犬が刺された事件を読みました。障がいをもった人が誤解されたり、トラブルに巻き込まれたりする事件はたくさんあるようです。そして、困っている人を見ても、見て見ぬふりをする人もいます。

僕のまわりには、困ったときに相談にのってくれる先生や同級生のお母さんがいます。また、困ったときに助けてくれる友達や、自分から話しかけてくれる友達もいます。

世の中の障がいをもった人のまわりにも、障がいをもった人を理解したり、助けたりしてくれる人が増えるといいなと思います。

また、多くの人の身近なところに障がいをもつ人がいて、自分が障がい者だったらどんなだろうと想像してくれる人が増えるといいなと思います。

そして、障がいをもった人がトラブルに巻き込まれる、悲しい事件が減るといいと思います。

願わくば、地球上に住む一人でも多くの人が、障がい者のことを理解してほしい。

願わくば、障がい者を支えてくれる人が増えてほしい。

願わくば、憲法にあるとおりにみんな平等になってほしい。

願わくば、障がいや人種による差別がこの世から消えますように。

＊白杖……視覚に障がいのある人が使う白い杖。

先生の話をスマホで「読む」

林 俊さん

プロフィール
1999年生まれの中学3年生。好きな教科は理科と社会。

聴覚に障がいがある俊さんは、先生や友達の話を「読む」ために、スマートフォン（スマホ）を利用しています。話を文字にしているのは、お母さんの和子さんです。

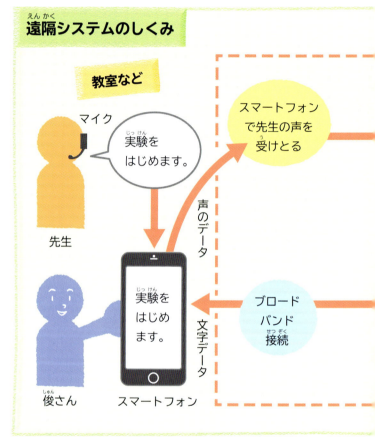

遠隔システムのしくみ

授業がすごくわかりやすくなったよ

和子さん　授業で遠隔システムを利用するときは、先生にマイクをつけてもらいます。先生の声は、マイクから俊のスマホを通じて自宅に送られ、わたしがパソコンで文字にし、すぐさま俊のスマホに送ります。

俊さん　ほとんど同時に文字で読めるから、授業がすごくわかりやすくなったよ。先生の話だけでなく、生徒とのグループ討論もすぐに文字で見られるし、ちょっとした冗談がわかるのも楽しいな。

😊 遠隔システムは、授業以外でも利用できるのがいいね。修学旅行では、お寺のお坊さんの話を聞くときに利用したよね。ほかに遠隔システムを使いたいときはある？

🙂 授業がわかればいいよ。友達と1対1なら、筆談（字を書いて会話すること）や口話（相手の口の動きを読むこと）ができるし。一日中だと、お母さんがたいへんだから…。

「支援の輪を広げていきたい」と話す和子さん

声を文字にする

お母さん
↓
声をパソコンで文字にかえる
↓
実験をはじめます。

文字を入力するためのパソコン

利用者が増えてほしい

😊 高校生になると、授業がむずかしくなるよね。だから、お母さんだけでなく、何人かで俊をサポートしようと考えているのよ。このシステムは、日本中どこにいても、パソコンと携帯電話さえあれば支援できるから、今は支援者をさがしているところなの。

🙂 お母さんだけががんばらなくてもいいのなら、ずっと遠隔システムを利用したいなあ。それには、いろんな人にこのシステムのことを知ってもらうことがだいじだね。

😊 利用する人も支える人も増えていったら、システムの輪が広がっていくね。遠隔システムだけでなく、たとえば、映画館でも文字を出す機械を貸すなど、生活のすべてに文字のサポートがあるといいね。俊はどういう社会になったらいいと思う？

🙂 障がい者がちゃんと理解してもらえる社会。障がい者にかかわる人も、そうでない人も、みんなが障がい者のことを知って、未来に伝えていってほしいな。

そうなったら、ずっと利用したいな

遠隔システムの支援者が全国に増えるといいね

ぼくのペースで、「ちょっとずつ」

田村 晃さん

プロフィール
2006年生まれ。することや食べ物などに、自分なりのこだわりがある小学2年生。

田村晃さんは、特別支援学級に通う小学2年生。自閉症です。
なれない学校生活をどのように過ごしているのか、
お父さんの周さんと、お母さんの美由紀さんにききました。

シェルターの部屋にいれば安心

「ぼくは平成ライダーと一緒にがんばりたい」と元気よく話す晃さんは、3人兄弟の真ん中です。ひとりきりになれる部屋があり、自分用のテレビが置いてあります（上の写真）。

「この部屋は晃にとって、外の世界から自分を守るシェルターなんです」とお母さんがいうように、晃さんは不安を感じると、部屋にはいってとびらを閉めます。

そして、大好きなDVDを見ながら気持ちをしずめていきます。

晃さんは、文字を読むよりも、映像から情報を取りいれるのが得意です。ですから、小学校へ入学する前は、学校生活を紹介したDVDを何度も見て、学校について勉強し、「かっこいい1年生になるんだ」とはりきっていました。

学校生活は…

晃さんは、今、特別支援学級で学んでいます。はじめのうちは学校での生活になれなくて、よく教室を出てどこかへ行っていました。2年生になった今は、だいぶなれてきました。

周さん

入学式など、ものものしい行事は苦手です。また、給食の当番がつける白衣やマスクもいやがります。でも、まずエプロンだけ、次にマスクというふうに、ちょっとずつ段階をふんでいけば、できるようになるのです。
そういう「ちょっとずつ」のステップで対応するのは、きっと子どもたちみんなにとって、だいじなことだと思います。

地域全体で見守りたい

小学校に入学する前、晃さんはお母さんと一緒に、地域の療育センターに通っていました。どんな障がいがあっても、地域で、いろいろな人たちと一緒に暮らしていくことがたいせつだと考えているからです。

美由紀さん

療育センターと特別支援学校と小学校、そして児童相談所の情報をつなげるしくみがあるといいですよね。それぞれがまじりあったら、障がいのある子どもたちを、地域でもっとこまやかに育てることができると思います。

子どもたちを、学校もふくめた地域全体で支えていきたい。それが、お父さんとお母さんの願いです。

いつもにぎやか、みんな仲良しの5人家族。

ぼくのこと、

晃さんは、「自分流」をもっています。
どんな流儀なのか、少しだけ紹介します。

あいさつをあまりしない

毎朝、友達が「おはよう」といっても、なにもいわずに行ってしまうことが多いのが晃さん流。でも、「おはよう」とかえしてくれないと、ちょっとさびしい気持ちになることも、ありますね。

▶ そういうときは…

もしかすると、晃さんは、ものすごくなにかに夢中になっていたのかもしれません。みなさんも、なにかに夢中になっているときは、ほかのことが目にはいらなくなったりしますね。

美由紀さん

「障がいのせいで、聞こえなかったのかも」くらいに考えてもらえるといいな。

朝礼できちんと並ばない

朝礼や運動会などできちんと並ばず、列からひとりで飛びだしたり、そわそわと落ち着かなかったりするのも晃さん流です。

▶ そういうときは…

「並ぶのが好きじゃない人もいるんだ」と考えてみましょう。それから、きちんと並ばないことが、どうしてそんなに気になるのかなあ、と考えてみるのもいいですね。

周さん

人を困らせようとして、やっているのではないんです。

おしえてあげる

水泳も、走るのも、大好きだよ。

おにぎりが好き

晃さんは、毎日、家からおにぎりを持って学校に行っています。給食のパンやおかずなどを、食べられないからです。

▶ そのわけは…

味や形、それから、食べる場所などにとても敏感なのです。新しい味になれるのに時間がかかるのかもしれません。でも、1年生の秋の宿泊学習では、一度も食べたことのないシュウマイを食べました。

今では、給食のパンや、ゼリーが、食べられるようになりました。みんなと一緒だと、食べられるものが、少しずつ増えていきそうです。

大きな音は苦手

晃さんは聴覚が敏感で、特に校内放送など、どこから聞こえてくるのかわからない大きな音が苦手です。でも、和太鼓をたたいて、自分で大きな音を出すのは大好きです。

▶ そのわけは…

誰でも、大きな音がどこかから突然聞こえてきたら、不安になりますね。晃さん流の和太鼓の練習方法を紹介します。1回目は練習を見るだけ、2回目はちょっとたたくだけ、3回目にみんなと一緒に練習するというステップをふみます。

ひとつひとつ、ゆっくり順を追っていくことは、晃だけでなく、誰にとってもわかりやすいやり方だと思います。

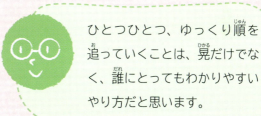

DVDの操作なら、ぼくにまかせて！

ぼくは、絵が好きです

稲木佳祐さん

プロフィール
1992年生まれ。高校、職業訓練校を経て、今はお菓子工場で働きながら絵をかいている。

稲木さんは、自分が自閉症だと知ったときから、社会のルールやしくみをマンガにして、自分と同じように困っている人たちに伝えつづけています。

中学校を卒業するときに、中学生活のルールをまとめた紙芝居「中学マナー」の一部。

　子どものころから、稲木さんは、クラスのみんなとは、どこかちがうと感じて、学校生活がなかなかうまくいきませんでした。
　中学生になって、学校の図書館で自閉症の子どもが主人公の本と出会います。この主人公と自分はそっくりだと気づいた稲木さんは、校長先生に「どうすれば自閉症が治るのか教えてください」とたずねたといいます。このときから、稲木さんは、積極的に学校のルールや仲間づくりの方法を学んでいくようになりました。稲木さんは絵をかくのが得意です。日々起きる困ったことなどを、マンガにするようになります。

マナーを守りたい

　たとえば、誰かと話をするとき、電車の中と家では、マナーとして、しぜんに声の大きさを調節している人が多いのではないでしょうか。けれども、意識的にボリュームを調整することが必要な人もいます。稲木さんもそのひとりでした。声の大きさは状況に応じて変える必要があると学んだ稲木さんは、「声のボリューム」というマンガをかき、状況にあわせた声のボリューム表もつくりました。これにより、一緒にいる人の声が大きすぎるな、と感じたときは「2のボリュームでお願いします」と伝えることができます。どのボリュームで話せばいいのかも、たずねることができます。

　「毎日、マンガのストーリーを考えるのは楽しかった。マナーを守れないといやだなあ、ぼくはマナーを守る人になりたい、と思いながらかきました」

相手のことを思いやって

　中学3年間でマンガは、2000作品をこえました。その中から選んで1冊にまとめたのが『詩音くんのスキルアップ・コミック』です（次ページで紹介しています）。「詩音くん」とは、稲木さんのペンネームです。

　この本には、稲木さんが学校や社会で生きていくために必要だと思ったことが、ぎっしりつまっています。どのテーマも、ひとつひとつ整理してかかれているので、自閉症の人にも、そうでない人にもわかりやすいのです。どのマンガにも相手を思いやる気持ちがあふれています。

　「もし失敗したり、わからないことがあったりしたら、この本を見て気持ちを切りかえてほしい。ぼくもマンガをかくことで、そうしてきたから」

　今は、働きながら、大好きな絵をかいています。いつか小学生探偵団シリーズや覆面シリーズなどの絵本を出したい、それが映像になったらいいなあ、と夢を語ってくれました。

お母さんの誕生日にプレゼントしたマンガ。

詩音くんのスキルアップ・

ここには、声のボリューム調整についてと、わけのわからないことをされたときの対応についてが、えがかれています。対応はひとつではないと「別れ道」をつくっているところが稲木さんならでは、ですね！

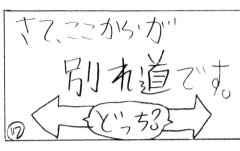

『詩音くんのスキルアップ・コミック』
（詩音出版）

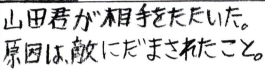

続きは省略

読み書きが うまくできなかった

南雲明彦さん

プロフィール
1984年生まれ。ディスレクシアで悩む子どもをなくそうと、講演などの活動を続けている。

大人になるまで自分の「生きにくさ」の原因を知らなかった南雲さん。生きにくさの原因はなんだったのでしょう。

　南雲さんが、自分が学習障がいのひとつである「ディスレクシア（読む、書くが困難）」だと知ったのは、21歳のときでした。子どものころの南雲さんは、読み書きがうまくできないのは「ふつう」で、ほかの人も同じだと思っていました。

みんな努力している

　「黒板の字をノートに書きたくても、ちゃんと書けない。教科書を読みたくても、ちゃんと読めない。それは、みんなも同じはずだから、読み書きがちゃんとできる友達は、ものすごく努力しているんだな、と思っていました」
　みんなもがんばっているのだから、と南雲さんは毎日家で読み書きの練習をしました。授業の内容を覚えて帰り、お母さんにノートに書いてもらったり、ます目の中に字を書く練習をしたり、子どもながらに必死でした。

> 思い出して下さい。あなたのクラスにこんな子は、いませんでしたか。黒板をノートに写し取るのに時間がかかる子。ノートのマスから文字がはみ出してしまう子。本読みがつっかえつっかえでしか読めない子。きっといたことと思います。彼らは、そうしたくてしていたのでしょうか。そうしたくてしていたのだけれども、がんばっていたのだけれどもそうなっていたのでしょうか。

文字がにじんで見える

> 思い出して下さい。あなたのクラスにこんな子は、いませんでしたか。黒板をノートに写し取るのに時間がかかる子。ノートのマスから文字がはみ出してしまう子。本読みがつっかえつっかえでしか読めない子。きっといたことと思います。

鏡文字となって見える

話を聞いてくれた先生

　学校の授業から置いていかれる…。それが、南雲さんにとっていちばんの心配ごとでした。

「ふつうに学校に行っていれば、当たり前に学力がつくでしょう。でも、大きくなるにつれ、それが当たり前ではなくなってきたんです」

　そんなとき、ある先生に「なにをそんなにおびえているんだ」ときかれました。そこで「教科書が読みづらい」というと、「どうしたらいいか」とたずねてくれたのです。小学5年生のときでした。

「立って読むと文字がゆれて見えるし、蛍光灯の光が反射して、ますます文字がわからなくなる。『すわったままで、教科書もつくえに置いたままで読ませてほしい』といいました。そして『行をとばして読まないように、定規をあてて読ませてほしい。字が大きく見えるように虫眼鏡も使わせてほしい』とたのみました」

　おかげで、教科書が少し読みやすくなりました。ただし、虫眼鏡は、光を集めて紙をこがしたので、すぐ使えなくなりました。

　しかし、なにより「大人が自分の話に耳をかたむけてくれた」ことがうれしかったのです。

「先生は、ぼくの苦しさをくみとってくれた。そういう大人と出会えたから、ぼくは高校まで行けたのだと思います」

ディスレクシア（読字障がい）の人の見え方の例

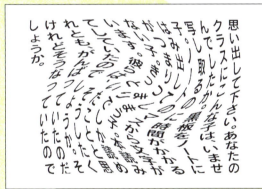

文字がゆらいで見える

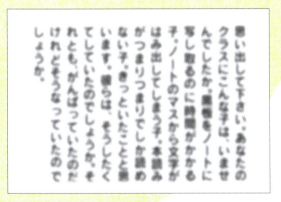

かすんで見える

学習障がいとは、聞く、話す、読む、書く、計算する、推論するなどのうちのどれか、またはいくつかが、うまくできない状態をいいます。

出典：『「読める」って、たのしい。』（公益財団法人　日本障害者リハビリテーション協会）

高校生なのに字が読めない

　読み書きが不自由なまま、中学まではなんとか授業についていけた南雲さん。高校にはいり勉強がむずかしくなると、成績がさがりはじめました。

　「ノートに字がうまく書けなくても、人に見せなければいい。でも、みんなの前で教科書を読むときは、ごまかせません。さすがに高校生で字が読めないとはいえなかった。だから、わざとふざけて『読めないふり』をしていました」

　うそを重ねることで、南雲さんはしだいに疲れていきます。勇気をだして、先生に「字が読めない」と相談しても、「落ち着いて読め」といわれるだけ。目が悪いからだと、分厚いメガネをかけさせられたこともあります。

　「運動や歌が苦手でも、それをしない学校や仕事を選べば、なんとかなる。だけど、今のこの社会は、読み書きはしないわけにはいかない」

　南雲さんは、高校2年生のとき不登校になりました。

苦しさの理由が知りたい

　なぜ、みんなと同じように読み書きができないんだろう。子どものころから続く謎は、抱えきれないくらい大きくなっていました。南雲さんは、家に引きこもるようになりました。

　「ただ苦しかったんです。大人は『17歳にもなって、なぜこんな読み書きもできないのか』という目でぼくを見る。ぼくだってその理由が知りたかった」

　南雲さんはその後、不登校の子どもたちを受けいれている高校へ転校します。そこではパソコンが使え、字を拡大することもでき、読み書きがだいぶ楽になったといいます。ところが、就職して社会に出ると、ふたたび大きな壁が立ちはだかりました。

　「マニュアル（説明書）が読めない。報告書は書けない。メモもとれない。『ちゃんとやれよ。こんなこともできないのか』といわれ、学校よりずっときつい日々がはじまりました」

あきらめないで、今を精いっぱい生きよう。

ぼくひとりじゃないんだ

　会社を転々としたのち、南雲さんは学習障がいの支援団体と出会います。そこでディスレクシアについて説明を受け、「それ、ぼくかもしれない」と気づいたのです。しかも、アメリカやイギリスではよく知られていて、人口の10％くらいはいると知りました。

　「ぼくひとりじゃないんだ。みんなの知恵を集めれば、未来は開けるかもしれない」

　南雲さんは、はじめてほっとしました。読み書きを楽にするには、どうすればよいかを知ったのも、前進でした。

　パソコンは、なくてはならない道具です。画面で文字を拡大したり、音声読み上げソフトを使って耳で聞いたりします。スマートフォンの拡大鏡も手ばなせません。字を書くときは、拡大した文字を見ながら書きます。

　今は、学習障がいについて広く知ってもらうために、講演をし、本を書き、「生きづらさ」を抱える子どもたちの相談にのる毎日です。

　「以前のぼくみたいに苦しんでいる子どもたちに、『あきらめないで』といいたいです」

学習障がいやディスレクシアについて知ってもらおうと、南雲さんが書いた本『LDは僕のID 字が読めないことで見えてくる風景』（中央法規出版）。

ぼくの苦手なこと

書く
- 漢字の「へん」と「つくり」が左右逆になることがある。

- 文字が紙からはみだしたり、小さくなったりする。

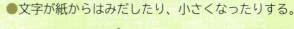

読む
- 文字がゆがんで、「こ」と「い」、「し」と「つ」などが見わけられない。
- 文字がにじんだり、ゆれたりする。
- 行を読みとばしたり、漢字を読みとばしたりする。
- 文字を追うだけで精いっぱいで、内容を理解することができない。

聞く
- 何人かが話をしていると、みんなの声がまじり、よく聞き取れない。
- 聞いたことをメモすることがむずかしい。

考えてみよう 不登校ってズル？

西野博之さん（NPO法人「フリースペースたまりば」理事長）

　たとえば、聴覚がよすぎるために、上の階の教室から聞こえてくるいすの「ガタガタ」いう音がたえられないほど苦痛になる。いてもたってもいられず教室から飛びだし、パニックになることがある。でも、クラスの人にはそうなる原因を理解してもらえなくて、もっとがんばれ、しっかりしろとか、ズルだ、なまけだとかいわれ、いじめのターゲットになったりする。でもこれ以上になにをがんばったらいいのかわからないし、なまけてるつもりもない。だんだん、自分なんか、いなくなっちゃったほうがいいんじゃないか、と思いはじめる。

　それでも学校へは行かなくちゃならないと、体をひきずるようにして登校する。

　学校って、命をけずってまで行かなければならないところなのかな。

　学校がどうしても苦しいなら、そこを離れていいんだ。

　そして「苦しいよ、困ってるんだ、たすけて」と声に出していってみよう。そうすれば、ちがう世界が見えてくる。学校に行かなくても勉強する方法や仲間をつくる方法は、今はいくらで

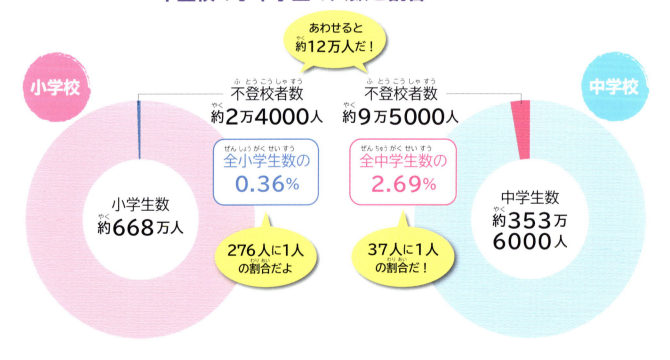

不登校の小中学生の人数と割合（2013年度）

あわせると約12万人だ！

小学校
不登校者数 約2万4000人
全小学生数の 0.36%
小学生数 約668万人
276人に1人の割合だよ

中学校
不登校者数 約9万5000人
全中学生数の 2.69%
中学生数 約353万6000人
37人に1人の割合だ！

資料：「学校基本調査—平成26年度（速報）結果の概要—」（文部科学省）より

もあるのだから。

　今、置かれている「そこ」（つまり、学校やクラスだね）に行けなくなったら、もうだめだ、というふうに思いこむ必要はない。

「みなさんは、学校に行かないってことは、ズルなんじゃないかと思ったことはないですか」

と、語りかける少年がいた。200人以上の小中学生が集まって開かれた「子ども集会」でのこと。この発言をしたのは、ケンチャン。不登校をずっと続けていた。

　ケンチャンにとって、学校へ行くことは呼吸するみたいに当たり前のことだった。だから、不登校になって、学校に行けないことは、ズルなんじゃないかと自分を責めていたんだ。でも、学校に行こうとしても、体と心がどうしてもいうことをきかなかった。苦しい思いのなか、ケンチャンはずっと自分と向きあって考えつづけたんだろう。

　「ぼくは、自分の体や心にうそをつくことができなくて、学校へ行けなかったんです。それはズルでしょうか」

自分自身の感覚にふたをし、なにも考えないようにして、他人にいわれるままに無理やり学校へ行く。そんなふうに自分にうそをつくことのほうが、むしろ「ズル」なんじゃないか、とケンチャンは考えるようになった。そして、

　「だから、学校に行かないことで人からズルをしているといわれても、ぼくは胸をはって、そうじゃないということができる」と発言をしめくくった。会場では立ちあがって拍手を送る子どもたちが何人もいた。

みんなはケンチャンのことばをどんなふうに受けとめただろう。

　ケンチャンは、その後も不登校を続け、中学を形式卒業した。高校も大学へも進学はしなかった。けれど、フリースペースで南米の民族音楽と出会い、フォルクローレの演奏に夢中になる。やがて人がびっくりするくらいの才能を発揮して、ミュージシャンになったんだ。今はボリビアにわたり、ボリビアの女性と結婚して現地で生活している。

　これも、ひとつの生き方。こんな生き方もあるんだ。

不登校でも学校を卒業できる

　不登校でも、不登校の小中学生の居場所であるフリースクールで学習したり、自宅でＩＴ機器などを使って学習したりしている人がいます。文部科学省は、決められた条件を満たしていれば、学校に出席扱いにすることを認めています。不登校でも、学校を卒業できるようになったのです。

不登校新聞『Fonte』

　日本で唯一の不登校・引きこもり専門紙。取材、執筆、編集などほとんどすべてを不登校・引きこもり本人がおこなっています。不登校や引きこもりについてのニュースや情報も充実しています。『Fonte』（毎月2回発行）。WEB版と紙版あり。

今のままでいいんだ
新しい自分を探していこう

お笑いコンビ、松本ハウスのハウス加賀谷さんは、統合失調症という障がいがありますが、体調をととのえながら自分のペースで相方の松本キックさんとともに、芸人として活躍しています。

統合失調症とは、妄想と幻覚（現実にはないと多くの人が思っている考え方をもちつづけたり、音が聞こえたりすること）などがあらわれる心の障がいです。ものの感じ方や考え方がふつうではなくなっていても、自分ではそれに気づかないことが多いのです。

最初におかしなことが起きたのは、加賀谷さんが小学5年生のある日、塾でのことでした。塾で、先生が黒板に書いた文章をノートに書きうつすとき、なぜか、開いたノートのページをめくることができなくなったのです。ひたすら同じページに文字を隙間なくびっしり書きつづけていったため、そのページは真っ黒になってしまいました。

ぼくがくさいからだ

やがて中学生になった加賀谷さん。はじめて幻聴が聞こえたのは、2年生のときでした。授業中、すぐ後ろの席の女子生徒を先生が注意したとき、ふりかえると、その子が下じきでパタパタと顔をあおいでいました。

「その瞬間、『ぼくがくさいからだ』と思ったんです。そのあと同じ授業中に、『わっ、加賀谷くさい』という声がどんどん聞こえてきて…」

その日から、教室や体育館、電車、バスなど、閉ざされた場所ではいつも、「加賀谷、くさい」という幻聴が聞こえるようになりました。

「ぼくにとっては全部、現実の声として聞こえるんです。だから、どうしたらくさくなるのか、すごく悩んだし、はずかしくて人に相談することもできなかった」

つらい幻聴は、高校になっても続きました。

松本ハウス

ハウス加賀谷さん（左）
松本キックさん（右）

プロフィール
ハウス加賀谷さんは1974年生まれ。
松本キックさんは1969年生まれ。
1991年からお笑いコンビ「松本ハウス」として活動をはじめる。

芸人になろう

声はいつも後ろから聞こえてきます。だから高校では、壁に背中をつけて横歩きするようになっていました。そしてある日、加賀谷さんはついに幻覚を見てしまいます。

「学校の廊下がうねうねと波打っているんです。ぼくはおどろいて、その場にすわりこんでしまいました」

お母さんが病院に相談して、16歳でグループホームにはいります。そこでは心に傷を負った人たちが、社会にもどるために集団生活をしていました。ようやく幻聴が聞こえなくなり、はじめてほっとできたといいます。

「そこで自分の人生をふりかえり、これからは自分の好きなことをして生きていこう、と思ったんです」

加賀谷さんがやりたかったこと。それは、お笑い芸人になることでした。

「お笑いってかっこいい！」って思っていました。

加賀谷さんの体験がくわしく書かれた『統合失調症がやってきた』（著：ハウス加賀谷・松本キック／イースト・プレス）

統合失調症は個性だ

グループホームにいたとき、加賀谷さんはお笑いのオーディションに応募します。そこで合格し、コンビを組んだのが松本キックさんでした。松本キックとハウス加賀谷で「松本ハウス」。新人コンビの誕生です。

加賀谷さんははじめ、病気のことをかくしていました。でも、松本さんに知られ、「統合失調症のことをかくさずに、自分の個性として出していったらいい」といわれたのをきっかけに、こわかったけれどステージで話してみました。

「すると、お客さんも正面から受けとめて笑ってくれたんです。肩の荷が本当におりました」

「障がい者を舞台にあげていいのか」といった偏見もありましたが、ふたりの人気はうなぎのぼり。そして、仕事がいそがしくなるにつれて、加賀谷さんは、薬の量を勝手に調節しはじめます。その結果、感情のコントロールができなくなっていきました。

ふたたび幻覚があらわれた

「加賀谷くんの遅刻が増えていきました。あるとき、4時間くらい遅刻してきて、だーだー泣いている。その日の夜中、なんか気になってファックスを送ったんです」と松本さん。

簡単なことはするな。
それはつまらないから。

加賀谷さんの自殺を心配してのことです。

そのファックスは、加賀谷さんの心にブレーキをかけてくれました。「つまらないのは、芸人としていちばんよくない。だからそれ以来、そんな『つまらないこと』はしていません」

そのころ「誰かに命をねらわれている」という幻覚を見るようになっていました。そこで、まずは、入院して治療することにし、お笑いの活動はしばらく休止することにしました。

> 入院してから復帰するまで10年間。ぼくにとっては必要な10年間でした。

> どんどん失敗しよう。挑戦しているからこそ、失敗するんだ。

> キックさんとコンビを組めて、ぼくは本当にラッキーボーイです！

> ぼくと加賀谷くんはおたがいさま。ぼくも助けられていることは、いっぱいあるよ。

ステージで笑いをとる松本ハウスのふたり。

自分自身を受けいれて

ふたたびコンビを組んだのは、10年後。復活ライブで客席から「おかえり」と声がかかったのが、なによりうれしかったといいます。

でも、加賀谷さんは、はじめのうち、記憶力が低下して集中力もなく、「前にはできたのに」と落ちこむこともありました。そんな相方を、「今のままでいい。新しい自分を探していけばいいんだ」と、見守っているのが松本さん。

今、お笑いのわくをこえ、統合失調症を多くの人に知ってもらおうと、活動を広げています。

> コンビ復活から、ぼくたちがなにをやってきたかというと、失敗してきたんです。失敗したら、ふたりで相談する。その積み重ねで、加賀谷くんも自信が出てきました。

> 復活したときからずっと薬の量は同じなのに、今のほうができることが増えて、頭もはっきりしている。体験や環境がだいじなんですね。

誰にでも得意不得意はある

山﨑　守さん

プロフィール
1975年生まれ。高校まで養護学校で学ぶ。現在、東京大学先端科学技術研究センター職員。

生まれつき両腕に障がいがある山﨑さん。どんな人でもパソコンを便利に使うにはどうしたらいいのか、という研究に取り組んでいます。

　教科書が読みづらい人や、まったく読めない人がいます。腕に障がいのある人は、ページをめくるのがたいへん。でも、教科書をパソコンで読めれば、クリックひとつでページがめくれ、文字の大きさや明るさなどを調整でき、音声読み上げソフトで文章を理解することもできる。
　山﨑さんは、教科書をパソコンで読めるようにすることに取り組んでいます。

外の世界へ出たかった

　山﨑さんは高校まで、全寮制の養護学校で学びました。そこでの生活は、起床時刻や食事の時間など、あらゆることが決められていました。もの心がつく前から養護施設で暮らしていたので、それが当たり前だと思っていました。そこ以外の世界を知らず、不安もありましたが「高校卒業後も、これまでのように閉じこもって生活するのはいやだな」と考えた山﨑さんは、大学に進学する決意をします。
　「ぼくは、一般の人たちと、つくえを並べて勉強したかったんです。それと、ひとり暮らしもしてみたかったんです」
　けれども、最初の大学受験に失敗し、予備校に入学します。ここが、山﨑さんにとって、障がいのない人たちとつくえを並べて学ぶ、はじめての場所となりました。

大学、ひとり暮らし、アメリカ

　山﨑さんは、足で字を書きます。そのため、予備校では教室の床でノートをとりました。

　「どんなふうに見られるかな。自分がいることで、まわりの人は迷惑しないかな。などとはじめは心配しましたが、思いすごしでした。ふつうに接してくれて、みんないい人ばかりで、おもしろかったです」

　次の年、大学合格。大学では工学部にはいり、パソコンを使用して研究をはじめます。目で見たものを、脳でどのように処理するかを、パソコンで再現するという研究でした。

　「ようするに、国語があまり好きじゃなかったんです（笑）。それと、将来のことを考えたとき、パソコンの技術があれば、自分の障がいに関係なく仕事につけるのでは、という思いもありました」

　入学と同時にひとり暮らしをはじめ、その年の夏には、車の免許もとりました。そして、3年生のときに、1年間大学を休んで、アメリカへと飛びたったのです。

車の運転はもちろん、掃除や洗濯もしてますよ！苦手なのは雨！！

シフトレバーの操作は、細長い棒を押しておこなう。

ハンドルは、この部品に指をかけてまわす。

アメリカの大学には障がい者がおおぜい

　山﨑さんは、障がいのある学生を支援するボランティアとして、カリフォルニア州立大学ノースリッジ校に向かいました。3年前に大地震があったばかりで、校舎はこわれ、授業や研究はプレハブの建物でおこなわれていました。どのプレハブにもスロープがつけられ、バリアフリーがゆきとどいています。

　「日本の大学では障がい者をあまり見かけませんが、アメリカの大学には、おおぜいいます。だから、障がい者が勉強するためのサービスもたくさんあるのです。手話のできる学生が多く、聴覚障がいの学生とふつうに会話していたのにもびっくりしました」

　山﨑さんの見たアメリカには、障がいが「学ぶときの障がい」にならない工夫が、たくさんありました。

自分のペースで勉強できるんだ

　知的な障がいのある人たちは、学習に時間がかかります。そのため、アメリカの大学には、ボランティアの学生が授業以外で勉強をサポートするサービスがあります。そういう学生に手伝ってもらい、知的な障がいのある人も、自分のやりたい勉強を、自分のペースで進めることができるのです。

　「アメリカの大学は、本当に勉強したい人が、自分のペースで勉強できる場所です。それが、日本とちがうところですね」

左手であつかっているのがトラックボール。指先でボールを動かすことで、パソコンのマウスの代わりとなる。

このトラックボールは大学2年から15年も使っています。

やりたい仕事は

アメリカから帰国して、大学院でも勉強を続けた山﨑さん。卒業したら、地元の富山を出ようと心に決めていました。そして、東京でコンピューター会社に就職。

やがて、パソコンを使って仕事をした経験や、パソコンボランティアで障がいのある人に使い方などを教えていたことから、「障がいがあっても、みんながパソコンの使い方を身につけて、仕事につけたら」と考えるようになり、転職して、障がい者のためのシステム開発を手がけている仕事につきます。

同じころ、東京大学からも、一緒に活動しないかと声がかかります。

みんなが同じスタートラインに立ってほしい

東京大学ではじまったのが、教科書をパソコンで読めるようにするサービスの提供でした。「IT機器を使うことで、教科書を困難なく読める子どもと障がいのある子どもたちが、同じスタートラインに立ってもらう。それが目的です。教科書が読めないからと、勉強や進学をあきらめている子がいたら、もったいない。まだあまり知られていませんが、このサービスを使って、高校や大学にどんどん進学してもらえるとうれしいです」

タブレットPC（端末）は、障がいのある子どもの学習に役立つIT機器です。これを取りいれている学校は、まだ少ない。「理解のある先生に協力をあおぎ、少しずつかたいとびらを広げていきたい」と山﨑さんはいいます。

「誰でも得意なこと、苦手なことはあります。体育が得意だったり、国語が苦手だったり。障がいも同じようなことかなあ、と思います」

だからこそ、障がいがあるというだけで、勉強をあきらめるようにはしたくない。

山﨑さんの仕事の根っこには、そういう思いがあります。

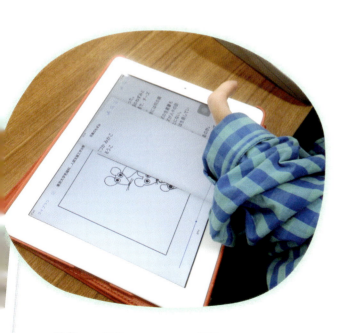

山﨑さん愛用のタブレットPC。「多くの学校で、タブレットPCなどのIT機器が使えるようになるといいですね」と、山﨑さん。

みんなと一緒の中学へ行きたい

卒業の前祝いに教室を訪問してくれたカッコいい大学院生に、熱いまなざしを送っている雨依さん。

穏土ちとせさん

プロフィール
1962年生まれ。人工呼吸器をつけた子どもの親の会〈バクバクの会〉副会長。

山本雨依さんは、自分で息をするのがむずかしいために、人工呼吸器という機器に、息をするのを助けてもらっていました。小学校へも、人工呼吸器をつけて通っていた雨依さん。穏土ちとせさんの、雨依さんへの思いを紹介します。

　真新しいセーラー服に身をつつんだ雨依さんは、りんとして、誇らしげで、まぎれもない中学校の新入生でした。
　けれども、このとき、雨依さんは、小学校の6年生の同級生のなかでたったひとり、進学先が決まっていませんでした。
　それでも、雨依さんの友達も、先輩も、下級生も、雨依さんのお父さんお母さん、それにわたしも、きっと、雨依さんの願いどおり、校区の中学校に進学し、これからもみんなと一緒に大人になっていくことを、誰ひとり疑っていませんでした。

ところが、雨依さんがみんなと一緒の地元の学校へ行くことを、教育委員会は認めようとしませんでした。どんなにお父さんとお母さんが、ていねいに雨依さんの思いと小学校6年間の学校生活のようすを説明しても、いっさい耳を傾けることなく、「雨依さんに"最もふさわしい"教育を」と一方的に、進学先を自宅から遠くの「特別支援学校」に決定してしまったのです。

　人工呼吸器をつけているために、声を出して話すことができないから、コミュニケーションもできないだろう。それでは充実感や達成感を仲間とともに共有できない。だから、一緒に学ぶことは不可能だ、と決めつけたのです。

どうしたら一緒にできるかな

　わたしにも、雨依さんと同じ、人工呼吸器を使っている子どもがいました。幸実といいます。自慢の車いすに、人工呼吸器やランドセルをつみこんで、毎日、友達と元気いっぱい、学校に通いました。

　学校では、おにごっこも、サッカーも、ゴムとびも、じゅず玉つなぎもして、友達と、毎日、目いっぱい遊んでいました。ときには、けんかをして、放課後、いのこりでしかられたこともありました。もちろん、勉強もがんばっていました。

　幸実のいちばんたいせつな宝物は、「友達」でした。友達をいっぱいつくることが、ちっちゃいころからの夢でしたから。幸実は、声が出せないかわりに、目をパチパチしたり、まゆ毛を動かしたりして、気持ちを伝えていました。そんな「ゆきみ語」を、お母さんであるわたしよりもわかってくれる友達を、幸実は大好きでした。

　つきあってみれば、きっとわかりあえる。人工呼吸器を使っていても、声を出して話すことができなくても、友達とコミュニケーションはとれるのです。

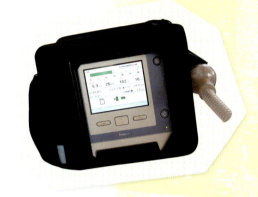

雨依さん愛用の人工呼吸器。

雪の日の休憩時間。みんなで福笑い。サポート役はマスクで目かくししている。

巨大パチンコを使って、ドッジボール。

雨依さんも、学校で、端布とゴムテープでつくった「巨大パチンコ」を使って、ドッジボールもしたし、校内豆まき大会で豆もまきました。段ボールとガムテープの「特製キャッチャー」を使い、車いすで、サッカーのパスもドリブルもこなしました。

スキーの授業では、スケーティングで進む仲間の横につくられた、除雪して板を渡した特製コースを、車いすで駆けぬけました。

ダンボールとガムテープでつくった
特製キャッチャー。

体育のスキー授業。特製
コースでReady Go!

修学旅行も、クラスのみんなで頭をつきあわせて考えぬいたコースで、珍道中をくりひろげたそうです。

　一緒に育った仲間は「人工呼吸器や車いすを使っているから無理」なんて決めつけたりはしませんでした。

　おたがいに、ちゃんと気持ちが通じあっていたから、ただただ、雨依さんと一緒になんでもしたいから、どうしたらできるかなと、先生と一緒に考えて、工夫してきただけなのです。

地域紹介の大型カルタを友達と一緒につくる。

「進め！　前へ！」

　だから、絶対に、みんなと一緒の地元の中学校に進学しても、やっていける。誰もがそう考えていました。お父さんもお母さんも粘りづよく、教育委員会と話し合いを続けていました。

　そんなさなか、小学校の卒業式の1週間前のことでした。雨依さんの状態が急変し、突然、大空へと旅立ってしまったのです。みんなと一緒に行きたかった地元の中学校の制服を着せてもらって…。

　こんなに制服姿がすてきなのに、こんなことがあっていいのか。わたしは立ちつくすことしかできず、かけることばも見つかりませんでした。

修学旅行は東京へ。すったもんだの珍道中。

けれども、1週間後の卒業式の日、雨依さんはわたしに「進め！ 前へ！」と、メッセージをとどけてくれたのです。

お母さんの胸に抱かれて卒業式に出席した雨依さんは、6人の仲間と一緒に、小学校を卒業しました。

保育園の子どもたちや在校生、地域の人たち、たくさんの笑顔と「タッチ」に見送られている写真は、誰がなんといおうと、6年間の学校生活がどんなに豊かなものであったか、雨依さんが、地域でどんなに強いきずなをつむいできたかを、みごとに物語っていました。

あなたは、人工呼吸器をつけて暮らす人と出会ったことがありますか。人工呼吸器は元気に生きるための道具です。呼吸器をつけていても、どんな障がいがあっても、共に生きる仲間に変わりありません。もし、まちで見かけたら、ぜひ友達になってください。そして、たずねてみてください。「どんなことに挑戦してみたい？」と。

雨依さんやあなたと同じように、呼吸器をつけた友達も、たくさんの夢や希望をもっていることを、いろんな方法で伝えてくれるはずです。

雨依おねえさん、卒業おめでとう！ 保育園の子どもたちも、お祝いした。

バクバクっ子* いのちの宣言

人工呼吸器をつけた子どもの親の会〈バクバクの会〉とその子どもたちからの、「どんな障がいがあっても、ひとりの子どもとして、いのちと思いがたいせつにされる社会を目指していこう」という呼びかけです。

〈ひとつ〉

わたしたちは、みんな、つながっているにんげんです。
いっしょうけんめいにいきています。

〈ふたつ〉

いま、せかいは、いのちのじだいです。
わたしたちには、そのいのちを、ひとりのにんげんとして、
たいせつにすることが、もとめられています。

〈みっつ〉

どのいのちも、ころしても、ころされても、じぶんでしんでもいけません。
とうといしにかたは、ありません。
とうといいきかたと、とうといのちがあるだけです。

〈よっつ〉

わたしのかわりも、あなたのかわりもありません。
わたしたち、にんげんは、わたしのいのちを、せいいっぱい、いききるだけです。

〈いつつ〉

わたしたちは、わたしたちのいのちをうばうことをゆるしません。
わたしたちは、わたしたちをぬきに、わたしたちのことをきめないでとさけび、
ゆうきとゆめ、きぼうをともだちに、にんげんのいのちのみらいにむかいます。

バクバクっ子 一同

一部表記を変更。

手動式人工呼吸器

＊「バクバクっ子」……人工呼吸器をつけた子どもたちのこと。「バクバク」とは、緊急事態が起きたときなどに使用する、手動式人工呼吸器を使うと、「バク、バクッ」と音がすることから名づけたもの。

自分らしく生きよう

はるな愛さん

プロフィール
1972年生まれ。タレント。NHK「バリバラ」、ラジオ版「バリバラR」などに出演。

体は男の子だけれど、心は女の子だとずっと感じてきたはるな愛さんに、「性」についてきいてみました。

　はるな愛さんの本名は、大西賢示。男の子として生まれました。でも、もの心つくころから、自分は女の子だと思って育ちました。女の子とおままごとをしたり、お人形で遊んだりするのが好きだったのです。

女の子になりたかった

　お母さんに「お人形を買って」というと、「男の子でしょう」と、買ってもらえませんでした。スカートをはきたいのに、「男の子らしくしなさい」といわれ、いつもズボンでした。
「それでも、いつかは女の子になれるのかな、と思っていました」
　ところが、小学校にはいるときに、買ってもらったランドセルは黒。本当は、ピンクか赤がほしかったのです。小学校に制服はありませんでしたが、プールでは、男の子用の海水パンツをはかなければなりませんでした。
「そういうことのすべてが、いやでした」

ズボンで過ごしていた小学生時代。

つらかった中学時代

中学校にはいると、はるなさんは、ひどいいじめを受けるようになります。

「自分の自信のなさが、顔に出ていたのかもしれません」

自信がないからといって、いじめていいはずはありません。けれど、休み時間になると、いじめがはじまります。先生に相談しても「きみにも悪いところがあるんじゃないのか」といわれるだけ。「どうして、自分はこんな目にあわなくちゃならないんだろう」。はるなさんは、何度も自殺を考えました。

「今なら、そのときのわたしに『ぜったい、死なないで』といいたい。そして、同じように悩んでいる子には、つらい場所からすぐにはなれて、別の場所に行ってほしい。そこからはじまることは、いっぱいあるから」

はるなさんも、思いがけない「居場所」をみつけることになります。

中学生になると、学生服で登校していた。

海水浴では、海水パンツ姿になるしかなかった（小学生のとき）。

わたしが、わたしでいられる場所

　はるなさんが見つけた自分の「居場所」。それは、男の人が女の人のかっこうをして働いているニューハーフの店でした。その店に連れていってくれたのは、母親の知り合いで、はるなさんのことも知っている人でした。

　「店にいたお姉さんは、わたしと同じように、体は男で心は女。きれいなドレスを着て、生き生きしていました。その人と話をしたとき『わたしには、こういう道もあるんだ』と思ったんです。次の日も中学から帰ると『はやくあのお姉さんに会いたい。今日はなにをきこう。どんなことを話そう』と、わくわくしました」

　はるなさんはその店で、親にもわかってもらえない性の悩みを、はじめて打ち明けることができたのです。気がつくと、死にたい気持ちも消えていました。

> 自殺を考えていたわたしが、はじめてみつけた、ありのままの自分でいられる場所だったんです。

はいる「かご」がわからなかった、わたし

　「あの子は男の子だから、このかご。あの子は勉強が苦手だから、このかご…。そんなふうに、人はほかの人のことを、自分の知っているかごに分類したがります。でも、わたしは、どのかごにはいるのか全然わからなくて、ずっとひとりぼっちでした」

　誰かに相談したい。でも、誰になにを相談すればいいかも、わからなかった十数年間。

　「自分とはちがいがありすぎる人を、自分のものさしで、こういうやつだ、と決めつけるのはかんたん。でも、そうやって、無理やりかごにいれられてしまう人のことを考えてみてほしいです。だって、人はひとりひとりちがうんだから」

　そう思えるようになったのは、同じ悩みをもつ人たちと出会い、生きる希望をとりもどしてからでした。

いろいろな性があっていい

「女どうしで結婚するカップル、女の子になりたい男の子、女性が男性になって男性を好きになるタイプ…。トランスジェンダー（体と心の性がちがう人）も、いろいろあります」

はるなさんをはじめ、多くの人が、こんなに多様な性の人がいるのだと、テレビや雑誌で表現しても、まだそれをおおらかに認める社会ではない、とはるなさんはいいます。

「誰ひとりとして同じ人間はいない。だからいろいろな性の形があっていい。そういうのをかくさず暮らせる世の中に、はやくなってほしい」これが、はるなさんの願いです。

はるなさんは、NHKのバラエティー番組「バリバラ」＊に出演したり、ラジオ番組「バリバラR」＊＊のパーソナリティをつとめたりしています。これらの番組を通して、世の中がいかに障がいについて理解がないかを知りました。

「左右の手の長さがちがうとか、誰でも、なにかしらコンプレックスをかかえています。そういう自分のことは置いといて、障がいのある人だけを少数派と決めつけるのはおかしい。わたしもふくめて、もっといろんな人たちが、まじわっていかないといけないと思います。人はひとりでは生きていけないんだから」

> 大人になったら、人をいとおしいと思えることがいっぱいあります。

夢はぜったいかなう

芸能界でひっぱりだこで仕事をするはるなさん。インタビューの最後に、こんなメッセージをくれました。

「今、大人になってわかったことは、自分らしく生きることが、いちばんだいじだということ。子どものころはあんなに悩んでいたのに、今では人生がすばらしいと思える。だからみんなにも、あきらめずに夢をもってほしい。夢はぜったいにかなうんです」

＊「バリバラ」……NHK Eテレで毎週金曜日夜9時から放送。（2015年3月現在）
＊＊「バリバラR」……NHKラジオ第2で毎週日曜日朝8時から放送。（2015年3月現在）

考えてみよう 性的マイノリティってなぁに？

杉山文野さん（LGBT活動家。NPO法人ハートをつなごう学校共同代表）

レズビアン、ゲイ、性同一性障害、ニューハーフ、オネェ、おかま、おなべ etc.

そんなことばを耳にする機会も増えたけど、「一体それって、どうちがうんだろう？」「ききたいことはあるけど、誰にきけばいいの？」「友達にゲイだと打ち明けられたらどうしたらいい？」そんな人も多いのではないかと思います。

LGBT（エル・ジー・ビー・ティー）というコトバ、きいたことがありますか？

これは女性として女性が好きなレズビアン（Lesbian）、男性として男性が好きなゲイ（Gay）、男性も女性もどちらも好きなバイセクシュアル（Bisexual）、産まれたときに割り当てられた性にとらわれない性で生きるトランスジェンダー（Transgender）、この4つの頭文字をとって、LGBTといいます。

もともとは1980年代後半から欧米で使われはじめたことばで、自分たちを肯定的に語ることばとして、日本でも最近やっと使われるようになってきました。

「セクシュアル・マイノリティ」ともいい、翻訳すると「性的少数者」ともいわれる場合があります。

そんな人、本当にいるの？
会ったことないよ！

そんな声も聞こえてきそうですが、実際には人口の5％くらいいるといわれています（2012年電通総研調べ）。5％という数字がどれくらいかといえば、40人クラスなら2人くらい、そして日本全国の「佐藤さん・鈴木さん・高橋さん・田中さん」という名字の人より多い数字といえば、少しは身近に感じてもらえるでしょうか？（日本でいちばん多い名字ベスト4　2013年12月明治安田生命調べ）

会ったことがないという人は、もしかしたら会ったことがないわけではなく、気づかなかっただけかもしれません。

そう、なぜならセクシュアリティ（性に関すること）は「目に見えない」からです。

女に生まれてきたけど、なんだか自分の体がしっくりこない。

それって変なこと？
男の子が男の子をスキになる。
それって気持ち悪い？

そんなことはありません。

日本ではまだまだLGBTの人たちが社会で活躍する姿が見えづらいのですが、海外では大きな会社の社長さんや、政治家、有名人、スポーツ選手はもちろん、学校の先生やお医者さんから近所のおじちゃんおばちゃんまで、さまざまな人々がLGBTであることをオープンにしながら活躍しています。またLGBTだけでなく、多様な性を生きる人は、皆さんが思っている以上にたくさんいるのです。

ではなぜ、「会ったことがない」と思ってしまうのでしょう？

もしも自分がLGBTだったら？
もしも仲の良い友達がLGBTだったら？

そしてそのことを誰にもいえず、嫌なおもいや悲しいおもいをしているとしたら…。

もしかしたらLGBTについて考えることは、これからの自分の生き方や、まわりの人との付き合い方、そして今わたしたちが生きている社会と向き合うときの大切なヒントになるかもしれません。

自分がLGBTかもしれないと思っている人も、そうでない人も、ひとりでだけではなく、ときにはお友達や先生と一緒に、ぜひしっかりと考えてみてはいかがでしょうか。

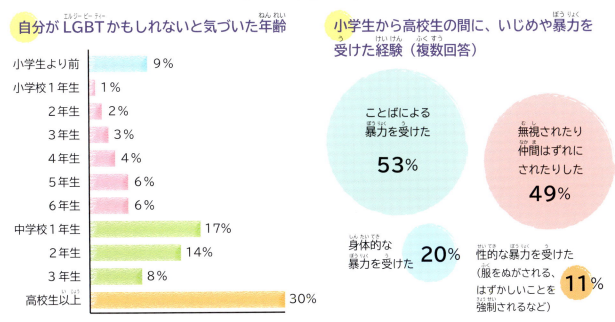

LGBTの子どもたち

自分がLGBTかもしれないと気づいた年齢

学年	割合
小学生より前	9%
小学校1年生	1%
2年生	2%
3年生	3%
4年生	4%
5年生	6%
6年生	6%
中学校1年生	17%
2年生	14%
3年生	8%
高校生以上	30%

小学生から高校生の間に、いじめや暴力を受けた経験（複数回答）

- ことばによる暴力を受けた　53%
- 無視されたり仲間はずれにされたりした　49%
- 身体的な暴力を受けた　20%
- 性的な暴力を受けた（服をぬがされる、はずかしいことを強制されるなど）　11%

資料：「LGBTの学校生活に関する実態調査（2013）結果報告書」（いのち　リスペクト。ホワイトリボン・キャンペーン）より。
調査対象者：LGBT当事者609人。

絵本と日記が育んだ わたしのことば

綾さんが書きつづけた日記は、今もだいじにとってある。これは一部。

岩元 綾さん

プロフィール
1973年生まれ。大学を卒業後、講演や本の出版、絵本の翻訳などで活躍。

岩元綾さんは、日本ではじめてダウン症児として、4年制の大学を卒業した人です。

ダウン症とは、人の体を形づくる細胞の中にある染色体のうち、21番目の染色体の数が1本多い症状のことをいいます。体の筋肉がやわらかいなどの特徴があります。

絵本のなかで大きくなった

綾さんは、子どものころから絵本が大好きでした。たくさんの絵本をお母さんの甦子さんが読み聞かせてくれました。

なかでもお気にいりだったのが、レコードと絵本がセットになった歌の絵本でした。「ぞうさん」などの歌を聞き、自分もひらがなの歌詞を見ながら歌いながら、ことばや文字を覚えていきました。楽しみながらしていたからでしょう、幼稚園にはいる前には、もう自分で絵本を読めるようになっていました。

日記をつけながら、ことばが生まれた

　小学校に入学した綾さんは、1年生から日記をつけはじめます。小学校卒業まで続いたのは、お父さんの昭雄さんとお母さんが、無理に書かせようとしなかったからかもしれません。

　「日記をつけるのは楽しかったです。日々のいろいろなことを書きながら、少しずつことばが生まれてきました」

　最初の詩を書いたのも、日記のなかでした（50ページで紹介しています）。国語の先生をしていたお父さんは、こういいます。

　「ことばを発する前に、表現したい思いがあります。その思いをどうやって育てるか。ことばは、聞く・話す・読む・書く、の順序で覚えていくので、いい日本語をたっぷり聞くほど、豊かな思いが育つのです。それを、ぼくと妻は急がず、ゆっくり見守ってきました」

　日記には、学校の先生が毎日メッセージを書いてくれました。ときどき、お父さんとお母さんが手づくりの表彰状をくれたりしたので、励みになることがたくさんありました。

日記を書きはじめたころの綾さん。小学1年生。

お父さんとお母さんが手づくりした、綾さんの日記に対する表彰状。

ラジオ講座で英語がライフワークに

　大学で英語英文学科に進んだ綾さんは、絵本の翻訳をするほど英語が得意です。そのきっかけとなったのが、NHKのラジオ講座です。中学生になってから聞きはじめ、今も聞いています。

　「中学の入学式の日に、担任の先生から『（中学からはじまる）英語は、みんなが同じスタートライン。どれだけ力がつくかは、それぞれの努力しだいです』といわれ、がんばろうと思いました」

　中学3年のときは、英語の暗唱大会でクラス代表に選ばれ、ローラ・インガルス・ワイルダー作『大草原の小さな家』を暗唱しました。そういうことも、英語への自信につながったといいます。

あこがれの大学に行きたい

家の前から見える高台に鹿児島女子大学があります。小学校のお別れ遠足で行って花々がきれいに咲き、ながめもよかったのが心に残り、綾さんのあこがれの大学となりました。

「あの大学に行きたいけれど、算数が苦手だから、どうすればいいかなあ」

お父さんとお母さんに相談すると、さっそく算数の計算練習帳をつくってくれました。綾さんが問題を解いて、お父さんが採点します。これは小学6年の2学期からはじまり、高校まで続きました。

「『ダメだなあ』ではなくて『もう2年も続いているよ。すごいね』とほめながら、綾のペースをいちばんだいじにすすめるうちに、一歩ずつしっかりとのびていったのです」

お父さんは、ほかのダウン症の人たちも、その人たちの発達にあわせて、せかさずに楽しく教えれば、のびる可能性はいくらでもあるといいます。

1993年、綾さんは希望していた鹿児島女子大学（現・志學館大学）に合格しました。入学試験は、推薦選抜試験で、小論文と英語での面接試験がありました。4年制の大学に合格するのは、ダウン症児では日本ではじめてのことでした。

大学進学に向けてがんばっていた高校2年生のとき。放課後の教室で。

ダウン症ってなに？

綾さんは、大学2年生になるまで、自分がダウン症だと知りませんでした。家族で食事中、たまたまテレビでダウン症について放送していました。それを見た綾さんに「ダウン症ってなに？」ときかれたお父さんは、そろそろ話してもいいころだと、「綾も同じダウン症なんだよ」と答えました。

「頭のなかが真っ白になって、わたしは自分の部屋に閉じこもってしまいました。ダウン症に対して差別感があったからだと思います」

その後、お父さんとお母さんは、綾さんの誕生から大学までの成長をまとめ、『走り来れよ、吾娘よ』（かもがわ出版）という本にしました。この本が大きな反響をよび、家族3人は日本各地で講演をするようになります。それでも、綾さんの心の底には、自分とダウン症に対するもやもやがありました。

綾さんが、日本語の絵本を英語に翻訳した『MAGIC CANDY DROP』（文：松田幸久／絵：黒田康子／石風社）。英語と日本語の両方で記されている。

子どものうちは、テレビから流れる早口にできるだけふれないようにし、ゆっくりしたテンポで話しかけることが、とてもだいじだと思っています。

おかげで、ことばが身につき、文章を書くことが好きになりました。

英語が好きになり、海外での「世界ダウン症会議」などでも英語でスピーチをしたわね。

ダウン症を受けいれた瞬間

あるとき、講演後の交流会で、綾さんはこんな質問を受けます。

「ダウン症を取りさりたい、という友人がいるのですが、綾さんはどうですか」

綾さんはびっくりして、ことばが出ませんでした。でも、少し考えてからこう答えたのです。

「わたしは、ダウン症を取りさりたいとは、いっさい思いません。受けいれて生きていくものだと思っています」

いってから綾さんは、はっと我に返りました。会場はしーんとなったのち、拍手がわきおこりました。お父さんにダウン症と告げられてから、3年の月日がたっていました。

「いつまでも、からに閉じこもっていてはいけない。ダウン症を受けいれた本人として社会に出ることが、わたしの使命だと思うようになりました」

それからは、絵本の翻訳を手がけたり、本を出したり、詩集を出したりして、生きることのすばらしさをいろいろな形で表現しています。ダウン症であろうとなかろうと、「すべての命が、同等に受けつがれるべきだ」——。綾さんが世界中の人たちに伝えたい思いです。

綾さんが、カナダの英語の絵本を日本語に訳した『スマッジがいるから』(作:ナン・グレゴリー/絵:ロン・ライトバーン/あかね書房)。

綾さんが小学2年生のときに書いた日記と、そのときのことをもとに書いた、はじめての詩を紹介します。

7月5日（月）

夕日を見に行ったこと

　きのうの夕がた、おとなりのはし口のおねえちゃんといっしょにしろ山こうえんに行きました。夕日をさがしに行きました。そして、てんぼう台にのぼって行きました。赤い夕日がにしのお山のところにあっという間にしずみました。とてもきれいでした。わたしは、夕日がお月さまといっしょになるのかなあと思いました。

　それから、一かいすべりだいにのってはし口のおねえちゃんの車でかえって来ました。

11月5日（金）

しを書くこと

　きょうは、おかあさんが「しを書いたら」といいました。わたしは、むずかしいと思います。「みじかーい日記だと思えばいいのです」とお母さんがいいました。

夕日

夕日をさがしに行った。

しろ山こうえんに行った。

夕日は、まだ、しずんでいなかった。

大きな夕日だった。きらきら光って、しずんで行った。

しずんだ後、火じのような夕やけになった。

自分がダウン症だとわかった綾さんは、
自分の思いを深め、次のように書きつづっています。

21番目のやさしさに

人間の染色体は、2本ずつ、23対ある。
その中で、21番目の染色体がなぜか1本多く3本になる。
これが、21トリソミー（ダウン症）だ。
偶然か、必然か　21トリソミーは千人に一人生まれてくる。
この1本多い染色体に、発達の遅れや心臓病、甲状腺など
いろいろな障がいをもって生まれてくる。
そしてたくさんの悲しい、苦しい、にがい涙が流される。
人はたくさんの涙を流すと、やさしくなれるのだろうか。
母は21番目の1本多い染色体には、やさしさと可能性がいっぱい詰まっていると言う。
その言葉は、私の心を救った。
母はこの言葉のように、私に純粋で心やさしい一人の女性になってほしいと願ったのだろう。
いつしか、母は多くの人にダウン症を理解してもらうために同じことを言うようになった。
私は思う。
21番目の1本多い染色体には多くのダウン症の子どもをもつ親たちの
わが子に対する熱い思いも、詰まっていると。
私は思う。
人は誰でも、多くの壁を抱えている。
やさしさが壁を崩してくれることに気づくと、もとの心を取り戻すと。

目を閉じて、21番目の染色体の中には、無限の可能性もあると想像してみて！
きっとあなたもやさしくなれる！

綾さんが小さいころから、お母さんの口ぐせは「だいじょうぶよ」。不安なときも、困ったときも、家族3人で乗りこえてきた。

あとがき

　みんなのことばを読んで、わたしは、すごく感動しました。なぜって、大人だったらたいてい困るだろうなあ、と思うようなことを、平気でできているから。
　晃くんは、列からはみだして、どんなものを見ているんだろう、文字がゆれて見えたり、にじんで見えたりする南雲さんには、宇宙がどんなふうに見えるんだろうって想像したよ。きっとちがう世界が見えてるんじゃないかなあ。それは、どんな世界なんだろう。
　ちがう世界があるっていうことは、たとえば障がいのない人にとっても、すてきなことだと思う。今より、もっと世界が広がるっていうことだから。
　それにしても、子どもはみんなすごいね。障がいのない子の気持ちまでわかろうとする。
　林くんは、殴られてけんかして、なぜその子がそんなことをしたのか理解した。そして、みんな平等になってほしい、障がいや人種による差別がなくなってほしいと願ってる。稲木くんも、なぜその子がだましたのかを考えてマンガにしたね。これって、英語と日本語がわかる人と同じことのように思う。それぞれのちがいをわかってるっていうこと、すごいことだね（でも、きっとみんなのなかにも、本当は、こんなふうにすごいものがあるのかもしれないよ）。ちょっとちがいがあるっていうだけで、戦争をはじめてしまう大人とは大ちがいだね。
　こんなすてきな子たちとみんなが一緒にいられるのは、幸せなことだなと思う。学校ではなく施設や病院、特別支援学校にいて、そこでずっと過ごさなければならない子どもたちもいるからね。施設でずっと過ごしてきた山﨑さんが一歩外に出たときに感じた自由、これは、すごくたいせつなものだと思う。
　障がいのために他人と心や身体にちがいがあっても、それはいつか必ず解決できる。でも、はるな愛さんやハウス加賀谷さんのように、ちがうから差別されるとか、心や身体の自由を奪われるとかすると、毎日が苦しくて、生きるのもむずかしくなる。
　じつは、わたしは、自分にも障がいがあることに気づいたんだよ。
　わたしは医者なんだけど、あるとき、ケイちゃ

んを担当したことがあった。ケイちゃんは雨依さんの大先輩で、話もできないし、寝たきりで動けない。だから、わたしは治療するとき、なにも話しかけなかったし、声をかけようとも思っていなかった。だけど、隣のベッドにいた3歳のプーちゃんが、毎日ずっとケイちゃんに話しかけてたんだ。プーちゃんは、わたしのように、寝たきりだからなにもわからないなんて考えず、お姉ちゃんみたいに、したってた。ふたりを見ているうちに、わたしには「心の自由を失う」という、いちばんたいへんな障がいがあると気づいた。

山﨑さんが施設から出て獲得した自由を、わたしはバクバクっ子たちや障がい者に教えられて、はじめて手にいれた。やっと、本当にたいせつなのは、できるとかできないということじゃないって、わかるようになったんだ。

障がい者を支援するとか支援されるとか、障がい者ができることを考える、ということだけじゃなく、障がいのある人もない人も、ごちゃごちゃに混ざりあって生きる。ときにはぶつかりあったり、けんかしあったりすることもあるだろう。でも最後は、仲良くなる。そんな関係ができたら、みんなが自由な心をとりもどせる。

岩元さんの21番目の染色体のように、神様が人間にあたえた、いちばんすてきな贈り物って、なんだと思う？

わたしは、いちばん弱くて、いちばんダメだと、みんなが思ってきたものに、かけがえのないすばらしさを見つけだす力だと思う。

この力をもっているみんなだから、これから生きていく社会をどんどんすばらしいものにできると信じてる。昔はいい人工呼吸器がなかったので、ケイちゃんは学校に行けず、天国に旅立った。だから、友達はプーちゃんだけ。でも、雨依さんは、たくさんの友達の心に今も生きてるし、天国でみんなを応援してる。

だから、どんな子どもも、みんなと一緒にふつうの学校に通えるようになるといいな、とわたしは願っているんだ。

石川 憲彦

さくいん

あ

- IT機器・・・・・・・・・・・・・・33
- 生きづらさ・・・・・・・・・・・・23
- 生きにくさ・・・・・・・・・・・・20
- いじめ・・・・・・・・・・・・・・41
- 居場所・・・・・・・・・・・41、42
- 運転・・・・・・・・・・・・・・・31
- LGBT・・・・・・・・・・・・44、45
- 遠隔システム・・・・・・・・10、11
- おかま・・・・・・・・・・・・・・44
- おなべ・・・・・・・・・・・・・・44
- オネェ・・・・・・・・・・・・・・44
- お笑い芸人・・・・・・・・・・・・27
- お笑いコンビ・・・・・・・・・・・26
- 音声読み上げソフト・・・・・23、30

か

- 学習障がい・・・・・・・20、21、23
- 拡大鏡・・・・・・・・・・・・・・23
- かご・・・・・・・・・・・・・・・42
- 紙芝居・・・・・・・・・・・・・・16
- 教育委員会・・・・・・・・・35、37
- 教科書・・・・・・・20、21、30、33
- 巨大パチンコ・・・・・・・・・・・36
- グループ討論・・・・・・・・・・・10
- グループホーム・・・・・・・27、28
- 車いす・・・・・・・・・・・35、36
- ゲイ・・・・・・・・・・・・・・・44
- 計算練習帳・・・・・・・・・・・・48
- 携帯電話・・・・・・・・・・・・・11
- 幻覚・・・・・・・・・・・・26－28
- 幻聴・・・・・・・・・・・・26、27
- 口話・・・・・・・・・・・・・・・11
- 声のボリューム表・・・・・・・・・17

さ

- 差別感・・・・・・・・・・・・・・48
- サポート・・・・・・・・・・11、32
- 詩・・・・・・・・・・・・・47、50
- シェルター・・・・・・・・・・・・12
- 支援者・・・・・・・・・・・・・・11
- 『詩音くんのスキルアップ・コミック』
  ・・・・・・・・・・・・・17－19
- 視覚障がい・・・・・・・・・・・・9
- 自殺・・・・・・・・・28、41、42
- システム開発・・・・・・・・・・・33
- シフトレバー・・・・・・・・・・・31
- 自分流・・・・・・・・・・・・・・14
- 自閉症・・・・・・・・・12、16、17
- 修学旅行・・・・・・・・・・・・・37
- 授業・・・・・・・10、11、20－22、26
- 手話・・・・・・・・・・・・・・・32
- 人工呼吸器・・・・・・34、35、37－39
- 人工内耳・・・・・・・・・・・・・6
- スマートフォン・・・・・・・10、23
- ズル・・・・・・・・・・・・24、25
- スロープ・・・・・・・・・・・・・32

性 ‥‥‥‥‥‥ 40、42、43、45
性的少数者 ‥‥‥‥‥‥‥‥ 44
性同一性障害 ‥‥‥‥‥‥‥ 44
「世界ダウン症会議」 ‥‥‥‥ 49
セクシュアリティ ‥‥‥‥‥ 44
セクシュアル・マイノリティ ‥‥ 44
卒業式 ‥‥‥‥‥‥‥ 37、38

た

ダウン症 ‥‥‥‥ 46、48、49、51
タブレットPC（端末） ‥‥‥‥ 33
知的な障がい ‥‥‥‥‥‥‥ 32
「中学マナー」 ‥‥‥‥‥‥‥ 16
聴覚 ‥‥‥‥‥‥ 10、15、24
聴覚障がい ‥‥‥‥‥ 6、9、32
ディスレクシア ‥‥‥ 20、21、23
統合失調症 ‥‥‥‥‥‥ 26-29
読字障がい ‥‥‥‥‥‥‥‥ 21
特製キャッチャー ‥‥‥‥‥ 36
特別支援学級 ‥‥‥‥‥ 12、13
特別支援学校 ‥‥‥‥‥‥‥ 35
トラックボール ‥‥‥‥‥‥ 32
トランスジェンダー ‥‥‥ 43、44

な

日記 ‥‥‥‥‥‥ 46、47、50
ニューハーフ ‥‥‥‥‥ 42、44
ノート ‥‥‥‥ 20、22、26、31

は

バイセクシュアル ‥‥‥‥‥ 44

白杖 ‥‥‥‥‥‥‥‥‥‥‥ 9
バクバクっ子いのちの宣言 ‥‥ 39
パソコン ‥‥ 10、11、22、23、30-33
パソコンボランティア ‥‥‥‥ 33
パニック ‥‥‥‥‥‥‥‥‥ 24
バリアフリー ‥‥‥‥‥‥‥ 32
ハンドル ‥‥‥‥‥‥‥‥‥ 31
筆談 ‥‥‥‥‥‥‥‥‥‥‥ 11
ひとり暮らし ‥‥‥‥‥ 30、31
復活ライブ ‥‥‥‥‥‥‥‥ 29
不登校 ‥‥‥‥‥‥ 22、24、25
不登校者数 ‥‥‥‥‥‥‥‥ 24
不登校新聞 ‥‥‥‥‥‥‥‥ 25
フリースクール ‥‥‥‥‥‥ 25
フリースペース ‥‥‥‥‥‥ 25
ボランティア ‥‥‥‥‥‥‥ 32

ま

マナー ‥‥‥‥‥‥‥‥‥‥ 17
マンガ ‥‥‥‥‥‥‥‥ 16、17
妄想 ‥‥‥‥‥‥‥‥‥‥‥ 26
盲導犬 ‥‥‥‥‥‥‥‥‥‥ 9

や

養護学校 ‥‥‥‥‥‥‥‥‥ 30
養護施設 ‥‥‥‥‥‥‥‥‥ 30
読み書き ‥‥‥‥‥ 20、22、23

ら

療育センター ‥‥‥‥‥‥‥ 13
レズビアン ‥‥‥‥‥‥‥‥ 44

● 監修
石川憲彦　林試の森クリニック院長

児童精神科医。1946年、兵庫県生まれ。東京大学医学部卒業。東大病院小児科、精神神経科に勤務。マルタ共和国にあるマルタ大学での研究生活を経て、静岡大学保健管理センター教授・所長などを務める。2004年、林試の森クリニック開業。

● 編集制作
有限会社データワールド

● 取材・文
永山多恵子

● デザイン
まる工房・正木かおり

● イラストレーション
立本倫子

● 写真撮影
淵崎昭治／馬場龍一郎／永山多恵子／正木かおり

● 写真・資料協力
（敬称略・数字はページをあらわします）

6-11 林俊／林和子、12-15 田村周／田村美由紀、16-19 稲木佳祐／稲木光恵／やなづめけい子／アサダ印刷株式会社、20-23 公益財団法人日本障害者リハビリテーション協会／南雲明彦、25 Fonte、26-29 株式会社 サンミュージックプロダクション、30-33 山﨑守、34-39 バクバクの会、40-43 はるな愛／株式会社 サンズエンタテインメント、45 いのち　リスペクト。ホワイトリボン・キャンペーン、46-51 岩元綾／岩元昭雄／岩元甦子

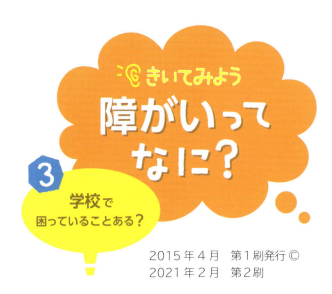

きいてみよう
障がいってなに？
③ 学校で困っていることある？

2015年4月　第1刷発行 ©
2021年2月　第2刷

監　修　石川憲彦
発行者　千葉均
発行所　株式会社ポプラ社
　　　　〒102-8519　東京都千代田区麹町4-2-6　8・9F
　　　　電　話　03-5877-8109（営業）03-5877-8113（編集）
　　　　ホームページ　www.poplar.co.jp（ポプラ社）
印刷・製本　瞬報社写真印刷株式会社
ISBN978-4-591-14344-5　N.D.C. 369/55P/29×22㎝　Printed in Japan

落丁・乱丁本は、お取り替えいたします。小社宛にご連絡ください。
電話0120-666-553　受付時間は月〜金曜日、9：00〜17：00（祝日・休日は除く）
本書のコピー、スキャン、デジタル化等の無断複製は著作権法上での例外を除き、禁じられています。
本書を代行業者等の第三者に依頼してスキャンやデジタル化することは、たとえ個人や家庭内での利用であっても著作権法上認められておりません。
読者の皆さまからのお便りをお待ちしております。いただいたお便りは監修・執筆・制作者へお渡しします。
P7162003

きいてみよう 障がいってなに？

全5巻

監修　石川憲彦
林試の森クリニック院長

1. そもそも**障がい**ってどういうこと？
2. どんな**学校**になったらいいと思う？
3. **学校**で困っていることある？
4. **社会**で困るのはどんなこと？
5. みんなが暮らしやすい**社会**って？

小学校中学年以上
A4変型判　55ページ　オールカラー
N.D.C.369（社会福祉）
図書館用特別堅牢製本図書

ポプラ社はチャイルドラインを応援しています

18さいまでの子どもがかけるでんわ
チャイルドライン®
0120-99-7777
毎日午後4時〜午後9時 ※12/29〜1/3はお休み
電話代はかかりません
携帯（スマホ）OK

チャット相談はこちらから